青春文庫

# 世界一小さい「柱」を知ってますか

## あの業界のビックリ用語辞典

日本語研究会［編］

JN045005

青春出版社

# はじめに

ふだん日常的に使っている言葉なのに、ある業界では別の意味をもつ……。世の中には、そんなビックリ用語があります。たとえば「**バッティング**」と聞くと、あなたは何を想像しますか？　ある家庭で起きた勘違いエピソードを、まずはご紹介します。

ある日、男性が職場から帰宅すると、リビングから話し声が聞こえてきました。

妻はため息まじりに、「**バッティング**って難しいわ……」。

すると、息子もぽつりと「うん、**バッティング**には気をつけないとね」。

男性は不思議に思います。「自分も今日、**バッティング**しちゃって困ったけど、妻と子は、何がバッティングしたんだろう？　仕事の話じゃないだろうに……」

「ただいま」。男性がリビングのドアを開けると、「おかえりなさい！」と応えた妻の手元には、作りかけの手芸作品。そう、妻の言う「バッティング」とは、**手芸用語**だったのです（キルトを作るとき、布をはぎ合わせたパッチワークの表面と裏地との間に、薄い綿を挟む作業のこと）。

その一方、息子は、ボクシング・グローブの手入れ中。息子が口にした「バッティング」とは、**ボクシング用語**でした（試合中に頭などをぶつける反則技のこと）。

ちなみに、男性の仕事はテレビ局のコマーシャル担当。彼が困っていたのは、**広告用語**で言う「バッティング」です（ひとつの番組に同業種・同タイプの商品のコマーシャルがダブってしまうこと）。

そのほか「バッティング」は、野球、ビジネス、ウイスキー醸造の分野でも、それぞれ別の意味をもつ専門用語として使われています（詳しくは第3章にて）。そりゃあ勘違いや誤解も生まれて当然、と思えてきますね。

所変われば言葉変わる。言葉は時代や風俗、場所によって変容する〝生もの〟です。とりわけ「業界用語」は、業界によって意味を変えることは珍しくありません。

じつに興味深い言葉なのに、そこで働く人々のあいだでのみ使われ、あまり表舞台には出てこない……。本書では、あちこちの業界用語を丹念に探り、選りすぐりの147語をご紹介します。知れば知るほど、また新しい言葉を知りたくなる業界用語のおもしろさを、本書を通じて堪能してください。

# 目次

―― 世界一小さい「柱」を知ってますか

## 第1章 「えっ、ここではそうなの⁉」業界に飛び込んでビックリの専門用語

第2章

# アブない匂いでドキッ♡の業界用語

「ダメ…そんなこと大声で！」

第**3**章

# 「ん？ 何かおかしい！」異業種交流会ですれ違いまくる用語たち

第4章

# 医療従事者がモヤモヤしてる用語の誤解

「それ、微妙です!」

## 第5章 ちょっと賢くなれる法曹界の用語集
### 「2時間ドラマに出てきそう!」

第6章

「へ～！ そうだったのか」

# とんだ勘違いに今さら納得の業界用語

第7章

# 「アレのコトか！」「カッコいい言葉！」 話のネタにすぐ使える俗語・隠語の豆知識

イラストレーション／坂木浩子
本文デザイン／浦郷和美
本文DTP／森の印刷屋
編集協力／河村ゆかり

# 第1章

えっ、ここではそうなの!?

# 業界に飛び込んでビックリの専門用語

# 出版業界には世界最小の「柱」がある

「柱」とは、一般には、屋根を支えている木材のこと。大黒柱など。どっしりしっかり安定していて、建築物になくてはならない重要な存在です。

一方、印刷・出版業界では、「この柱、いらないから取って」といった会話をすることがあります。重要なはずの柱を取るって、どういうこと……!?

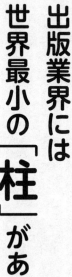

コレとか
コレのこと
1章

## 印刷・出版用語の「柱」とは

雑誌や書籍などで、誌面の余白に書名や章タイトルなどを記した部分。この本の左上にある「第1章～」の文字が、柱です。

いわば索引で、読者が「第○章を読みたい」と本をパラパラめくって探すときのガイドになります。

あってもなくてもいい、という点が建築物の柱とは大いに異なります。

# 「肩入れ」する洋裁師は果たして味方か？

「肩入れ」とは、一般には、誰かをひいきにしたり、援助したり、味方になったりすること。

一方、洋裁師さんが「よし、肩入れするよ！」と宣言しても、あなたの味方になるかどうかは、別の話。なぜなら……。

えこひいき…
肩入れするよ！

## 洋裁用語の「肩入れ」とは

ジャケットやブラウスの肩の部分を縫《ぬ》い合わせること。洋服づくりの手順のひとつで「後ろ身頃と前身頃の肩を縫い合わせ、肩のラインを調整する」という、とても難しい作業です。

肩入れ作業中の洋裁師さんに下手に話しかけると、（味方につく、という意味での）肩入れはしてくれなくなるかも。

# 「桃太郎」が頭を下げたら当選確実!?

一般に「桃太郎」といえば、日本のおとぎ話で、鬼退治を果たしたヒーロー。道で出会った犬や猿、キジにキビ団子を配って、仲間にします。

一方、政治の世界にもじつは「桃太郎」がいるのですが、そこでキビ団子を配ったりしたら違法になります。その理由は……。

よろしくお願いします
ぺっこり
桃太郎

## 選挙用語の「桃太郎」とは

選挙活動で、候補者と運動員（スタッフ）たちが、のぼりを掲げて練り歩くことを言います。

選挙期間中におなじみのあの光景は、とても有効なアピール手段なのだとか。

しかし「桃太郎」だからといって、有権者にキビ団子を配ると、公職選挙法違反に問われかねないので、要注意。

# 獣医は勝手に猫の「キャスト」をしない

一般に「キャスト」といえば、映画・舞台などの役者さん・演者さんのことが思い浮かびます。「俳優に役を割り振る」という意味の「cast」から派生した言葉です。

一方、獣医さんの世界にも「キャスト」という言葉があり、「先生、キャストお願いします」と使われます。でもこれは「猫をドラマに貸し出せ」というわけではなく……。

今度のキャストはこの子でどう？
？

## 獣医学用語の「キャスト」とは

動物の雄《オス》への去勢手術を示す略語。とある動物病院で……「先生！　猫の△君、来週キャストをお願いしたいとのことです」といったら、雄の去勢手術の依頼の話です。

「役者」を意味するキャストは「cast」が語源であったのに対し、「去勢」を意味するキャストは「castration」の略です。

# 薬局にある「毒薬」はりっぱな治療薬

毒薬、毒きのこ、毒草……。「毒」と聞くと、アブない香りを感じる方も多いかも。なかでも「毒薬」は、ちょっとでも飲んだら死んじゃう⁉ 危険なクスリといったイメージです。

ところが、お医者さんや薬剤師さんが言う「毒薬」って、ちょっと意味合いが違います。

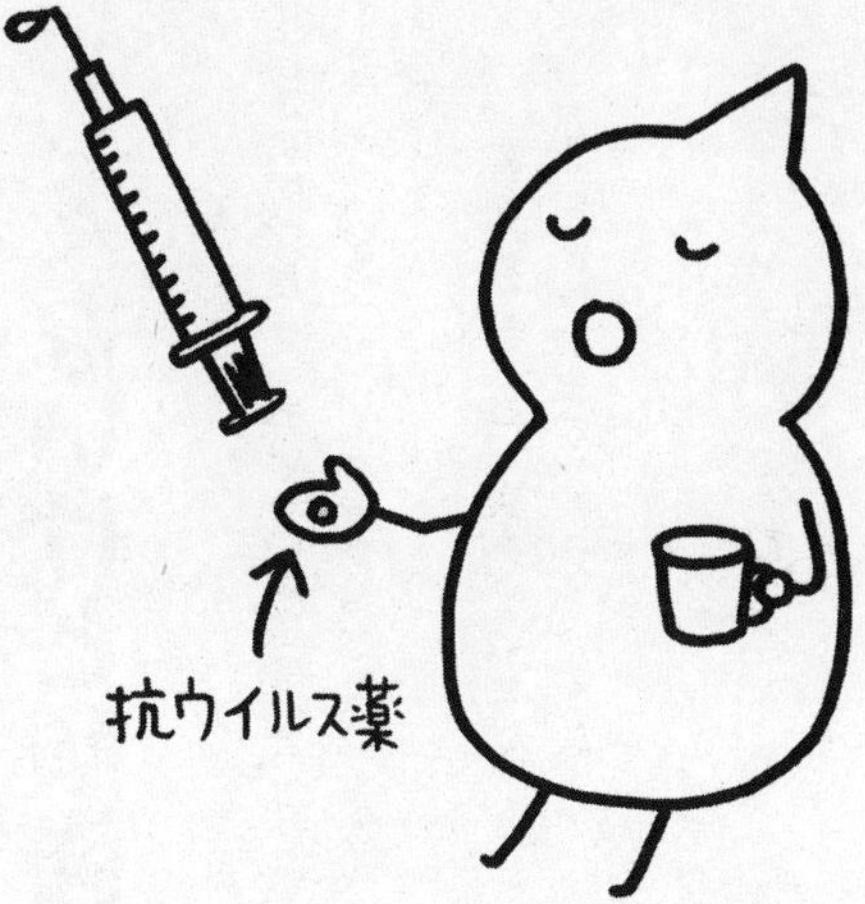


## 薬学用語の「毒薬」とは

薬機法にもとづき、厚生労働大臣が指定する毒薬とは、「注射や内服によって体内に吸収された際、人もしくは動物に副作用など危害を起こしやすい医薬品」のこと。

非合法なものではなく、ちゃんとした医薬品。一部の抗がん剤や抗ウイルス薬などが指定されていて、治療のためのお薬なんです。

# 建築現場の「ラーメン」はおいしくないけど頑強さが売り

すでに日本の国民食！　おいしい中華そば。

……それが「ラーメン」という言葉への一般認識ではないでしょうか。

ところが、建築現場には、食べられない「ラーメン」があるといいます。さて、どんなラーメン？

親方、ムリっす。サンプルっす
食べてぇよ

## 建築・設計用語の「ラーメン」とは

建築物の鉄骨構造の名称。マンションなどの接合部を溶接などでくっつけて一体化させる、強靭《きょうじん》な構造のこと。ドイツ語の「Rahmen（額縁）」が語源。

建築現場では、「次の新築マンションはラーメン（構造）でいこう」などと使います。新米社員だと「は？　ラーメン？」と聞き直すこともあるのだとか。

# 畳《たたみ》屋は「耳毛」を躊躇《ちゅうちょ》なくばっさりカットする

「耳毛」とは、その名のとおり、耳の中からあふれるように生え出た毛のこと。耳毛が出ているのは「長寿の証」とされ、縁起を担ぐために生えっぱなしにしている人もいます。

ところが、そんな貴重な「耳毛」を、畳屋さんはカットしてしまうというのです。いったい、どういうこと……？

## 畳制作の用語の「耳毛」とは

畳の表面のゴザは「畳表《たたみおもて》」といい、植物のイグサと麻糸を1本1本織り込んだもの。畳表をつくるとき、端ギリギリまでは織らずにいくらか余らせておきます。畳屋さんは、その端に残ったイグサを「耳毛」と呼ぶのです。

耳毛は、畳表を畳床《たたみどこ》（芯材）と合体させる過程で、きれいにカットされます。

# 造園家の「キオスク」に新聞が入荷されることはない

一般に「キオスク」といえば、あると便利！新聞だけでなく弔事のネクタイも売っていたりする、ＪＲの売店です。

ＪＲの「キオスク」は、「清く」と「気安く」をかけた造語。覚えておくと、クイズ王になれそうなネタです。

そして、もうひとネタ知っておきたいのが、造園用語の「キオスク」です。

## 造園用語の「キオスク」とは

主にイランやトルコなどで見られる庭にある小さな建物（小屋）のこと。トルコ語の「kiushk」に由来する、四阿《あずまや》を意味する言葉です。

ここにはネクタイもなければ、新聞もありませんのであしからず。

ちなみに四阿は、洋風庭園では「ガゼボ」、中国やベトナムなど東アジアでは「亭《てい》」と呼びます。

# パッチワークをキレイに仕上げるには「風車」が欠かせない

一般に「風車」といえば、風の力で回る装置のこと。息をふきかけたら回る小さなおもちゃの風車や、広場でゆったりと回転する巨大な風車を、多くの方が連想するでしょう。

一方、手芸の世界にも「風車」があるのですが、この場合は風力が必要ありません。

## 手芸用語の「風車」とは

パッチワークの技法の一種。「風車倒し」とも言います。

パッチワークで布と布を縫《ぬ》い合わせるとき、裏側には少し布端が残ります。この布端をそのままにしておかず、アイロンをかけてきれいに倒していくと、余計な厚みが出ません。

その倒し方がまるで「風車」に見えることから技法名がつきました。

# 特許業界には、平和で理性的な「クレーム」がいっぱい

しつこい苦情が続くと、「もう勘弁して！」「いい加減やめて！」と言いたくなります。さらに、上司から「クレーム、どうなった？」と言われようものなら、へきえきしますよね。

でも、特許や知的財産管理に関する職場なら、事情が異なりますから、ご安心を。

## 特許用語の「クレーム」とは

特許の権利範囲を定める基準になる「特許請求の範囲」という文書のこと。

たとえば何か新しい発明をして特許（権利保護）を受けたい、というとき、出願人がどこからどこまでの範囲を保護されるのかを、はっきりと指定することになります。その際に必要となる事項を記載したのが、「クレーム」です。

# 演奏家の「アニメ」は絵が下手でもまったく問題ない

アニメーション（動画）は、日本が誇る文化。今や「クールジャパン」の代名詞でもあります。映画にテレビ、コマーシャルなどなど、目にしない日がないほど、暮らしに浸透していますね。

そんな「アニメ」という言葉も、音楽の世界では、別の意味があります。

## 音楽用語の「アニメ」とは

速度を表す標語のひとつで、意味は「生き生きと速く！」。

語源はラテン語で「生命」を意味する「アニマ」と言われています。

音楽界の「アニメ」が存在するのは、楽譜の中。ですから、たとえ絵が下手だろうと関係ないのです。

# 板前の舌は「あたり」を知っている

誰かから「(○○が) あたり!」と聞けば、「宝くじが当せんしたの?」「車が接触したの?」と聞き返すのが、一般人。

ところが、日本料理人の場合、「ゴマですか?」「とろろ汁?」といった質問が返ってきます。

## 日本料理用語の「あたり(あたる)」とは

ゴマやとろろ芋などを、すり鉢とすりこぎを使って、すりつぶすこと。

つまり、「擂《す》る」行為なのですが、「する」と言うと「ギャンブルでお金を失う」といった縁起が悪い語感もあるため、代わりに「あたる」を使うようになったのだとか。

# 保険業界の「異動」は昇進・左遷、どちらでもご遠慮なく

「ご異動ですか……社史編纂《へんさん》室も住めば都、営業の最前線より平和ですよ」。

職場で誰かが異動となると、「おめでとう」やら「無念です」やら、悲喜こもごもなのが一般社会の常。

その点、保険業界の「異動」はサクサクと事務的に進みます。

## 保険用語の「異動」とは

保険の契約期間中に、契約内容や条件（契約者などの住所や苗字など）を変える手続きのこと。契約者からの申告があると、保険会社は「ご異動……ご結婚によるご住所とお名前のご変更ですか、おめでとうございます！」という具合に、手続きを進めます。

# 材木屋にいい「赤身」が入っても残念ながら、食べられない

「いい赤身が入った」と聞けば、「ステーキ？おいしそう！　レアがいいなあ」と腹の虫が騒ぎ出すのが一般人。

その点、材木屋さんは違います。「それじゃ、宮大工さんに、とっておきの赤身が入ったって連絡しておこう」となるのは、なぜ？

## 材木業界用語の「赤身」とは

丸太の断面の、年輪《ねんりん》が赤茶色く刻まれた中心部分。ここを「赤身」といい、丸太の外側の「白太（しらた）」と区別します。

特に杉の「赤身」は弾力性に富み、肌触り抜群、水やカビに強い性質。法隆寺の昭和の大修理を担当した棟梁《とうりょう》も、杉の赤身の強健さを讃えたそう。昔からその強靭《きょうじん》さは知られていて、古い神社仏閣でもよく使われています。

# 園芸家の「ランナー」は多少伸びるが、42・195㎞は無理

皇居のお堀端で、公園で……。日本全国で、健康志向の市民ランナーは黙々とトレーニングしています。走る距離を「延ばす」ために日々、汗を流しているランナーも多々。

一方、園芸界の「ランナー」も、日々、成長しています。こちらは「延ばす」というより「伸びる」。

さて、何が伸びているのでしょう？

## 園芸・農業用語の「ランナー」とは

イチゴやオリヅルランなどの植物の親株から伸びる「ツル」のこと。園芸界の「ランナー」は、伸びた先に子株《こかぶ》を形成して増えていきます。

思いのほか長く伸びることはありますが、さすがにフルマラソンには及びません。

# 洋裁師にとって「シック」は上品さより強健さが肝心

上品で落ち着いていて、大人って感じ……。大人の女性向けファッション誌に多数登場する、憧れの存在感。それが「シック」という形容詞へのイメージでしょう。

ところが、洋服の仕立てにおいては、別の意味の「シック」が求められます。

## 洋裁用語の「シック」とは

パンツの内股につける補強布。股ずれを事前に防ぐため、オーダーメイドなどでよく用いられます。

下着の透け防止にもなるので、シックな（＝上品な）レディースパンツにも、シック（＝補強布）が付けてあるとＧＯＯＤ！

# 印刷業界の「特色」はとびきり特色のある特色である

一般に「特色がある○○」などと言うとき、「普通のものにくらべ、ひと味違う特徴がある○○」をさします。ところが、印刷業界での「特色」は、また別の専門的な意味があります。

## 印刷・出版用語の「特色」とは

インクの名称。基本となるインク以外で印刷すること。通常、カラー印刷の場合は、「C（青）」「M（赤）」「Y（黄）」「K（黒）」の4つのインクを重ねて刷ります。しかし、この4色の重なりでは、色がうまく再現できないことがあります。

そこで、あらかじめインクを調合しておき、イメージどおりの色を確実に出せるようにするのです。この特別調合インクを「特色」と言います。

# コールセンターには観光とは無関係の「インバウンド」がある

目指せ、観光立国！　ということで近年は「インバウンド」という言葉を耳にする機会が増えました。

ここで言うインバウンドとは、外国人が旅行で日本に訪れること。でも、コールセンター業務で「今週はインバウンドの仕事です」と言う場合、「今週は観光に力を入れます」といった意味ではありません。

## コールセンター用語で「インバウンド」とは

顧客や取引先からの電話をコールセンターで受けること。かかってくる電話は問い合わせや申し込みなどが多く、「受け身」の業務です。

逆に、「アウトバウンド」は、コールセンターから顧客へ電話をかけること。積極的な販促活動などをさします。

# 選挙中は、飛行機は飛ばない「空中戦」が勝敗の要に

「空中戦」といえば、文字どおり、「戦争や防衛の最前線で軍用機が空中で戦うこと」をさします。

ところが、選挙活動において「空中戦」と言うときは、飛行機が飛ぶかどうかは無関係。

## 選挙用語の「空中戦」とは

かつては浮動票を獲得するためのビラ配りや街頭演説などをさしましたが、昨今はSNSやホームページなどネットを使った広報活動を意味することが多々（ネットの選挙活動は「宇宙戦」と称すことも）。

反対に「地上戦」は、「ドブ板」とも呼ばれ、特定の有権者に対してのあいさつ回りなど、昭和の時代から綿々と続く地道な選挙運動を言います。

# 造園家の「ポンド」はコインよりもだんぜん大きい

言わずと知れた、イギリスの通貨「ポンド」(pound)。

重さの単位でもあり、１ポンドは453・6g。ボウリングの玉の重さは、このポンドで示されます。

一方、造園の世界でのポンドは……。

## 造園用語の「ポンド」とは

造園の世界での「ポンド」(pond)は、小さな洋風の池のこと。

ただし、小さいとはいえ、硬貨の「ポンド」よりはだんぜん大きいです。

印象派の画家、クロード・モネの代表作に登場するポンドは、池のほうのポンド。「睡蓮の池（The Water Lily Pond)」という作品名です。

# 化学者は、満点だろうと「追試」からは逃れられない

「またテストか……」

一般的に「追試」といえば、定期試験などで赤点をとった生徒が、先生からお小言とともに「受けなさい」と命じられる追試験のこと。「もっと勉強しておけばよかった」と後悔しても、遅いのです。

一方、学校を卒業後、化学者として大成した人でも、どんなに勉強しても「追試」からは逃れられないといいます。なぜ……？

## 化学用語の「追試」とは

化学の研究論文などを発表したあと、第三者が論文に沿って実験分析をおこなうこと。そこで同じ結果が出れば論文の正確性が認められるのです。

「絶対大丈夫！　あれだけ検証して発表したんだから」と自信があっても、内心ドキドキしてしまうのだとか⁉

# 物理の「なめらか」は「お肌すべすべ」の美容とは無関係

「なめらか」は、相手をほめる場面でよく使われます。「つるつる、すべすべで、なめらかなお肌」「流暢で、なめらかな口調」「よどみなく、なめらかな水流」などなど。

ところが、物理学者から見ると、「なめらかなお肌」なんて存在しません。

## 物理用語の「なめらか」とは

感触は関係なし。物理的にいっさいの摩擦のない接触面のこと。

物理界では、あくまでも摩擦係数が肝心。摩擦係数がゼロであることを「なめらか」と表現します。

高校の物理教師いわく「ここ、けっこうテストに出るよ！」。

# 能楽関係者の「打ち合わせ」は舞台上で堂々とおこなうべし

ビジネスの打ち合わせ（ミーティング）は、社外秘の話題も多く、会議室などの密室でひっそりとおこなうイメージがあります。

ところが、能楽界では「打ち合わせ」を、まさかの舞台上でおこなうというのだから、ビックリです。

## 能楽用語の「打ち合わせ」とは

楽器やコーラス（謡《うたい》という）のセッション。楽器担当者や囃子方《はやしかた》などが、いっしょに音を出してセッションすること。舞台上や練習場などでおこないます。

能楽には打楽器が多いため、「打ち合わせ」という表現になったのでは、といわれます。

ビジネスの打ち合わせも、「打てば響く」ものかどうかは謎……。

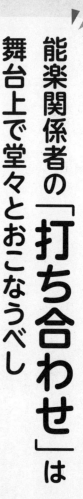

# 出版の世界では「ゴチ」になろうと誰もお腹いっぱいにならない

「先輩のオゴリっすか？　ゴチになります！」と喜ぶ後輩。居酒屋でよく見かける1コマです。

かたや出版の世界では、「ゴチになります！」ではなく、図々しくも「ゴチにしてください！」とお願いするパターンがほとんど。

しかも、誰も満腹にはなりません。

## 出版・印刷用語の「ゴチ」とは

印刷見本となる「校正紙」に、変更指示を書き込むときの用語。文字の一部を「ゴシック体（ゴチックともいう）」に変更したいときに「ゴチ」と書き込みます。

文字の種類には、「明朝体」「ゴシック体」などがあり、たとえば明朝体の文字をゴシック体に変更したいときは、校正紙に「ゴチ」と赤ペンで書き込んで指定するのです。

# 農家は興味があろうがなかろうが黙々と「誘引」する

「このほうがいいでしょう？」「こっちにおいで～」。一般的に「誘引」は、「悪事に誘引」など、よろしくないほうに引き込むニュアンスがあります。相手が興味をもっているかどうかは無視して、強引なイメージです。

ですが、園芸家や農家の場合の「誘引」は印象が違って、むしろ「いいこと」です。

## 園芸・農業用語の「誘引」とは

野菜や草花をひもでくくって固定すること。

ツルバラやキュウリなど、ツル性の植物を「誘引」、倒れそうな茎を支柱に「誘引」など。植物たちの喜ぶ声が聞こえてきそう！

# 建築家は「コンプレックス」に劣等感を持つ必要はなし

イジイジ、グズグズ、シクシク……劣等感に押しつぶされそう！　誰しもが持つ、そんな劣等感を、英語で「コンプレックス（complex）」と言います。

一方、建築家の「コンプレックス」は、劣等感なんてゼロ！

## 建築・設計用語の「コンプレックス」とは

集合建築や複合施設のこと。

元来、「complex」には「複合の」「複雑な」などの意味があります。そこから派生して、建築・設計用語では「集合住宅」を意味するようになりました。

英語本来の表現では、十数戸程度の小規模集合住宅を「アパートメントコンプレックス（apartment complex）」と言います。

# 天文の世界では酸素もりっぱな「金属」です

一般に「金属」といえば、金や銀、銅、鉛、鉄など、固い物質をイメージします。曲げたり伸ばしたりするのに熱を加えたり、体内に取り入れると毒となるようなもの。

しかし天文の世界では、空気中の酸素も「金属」。いったい、どういうこと?

## 天文用語の「金属」とは

ヘリウムより重い(ヘリウムより原子番号が大きい)元素のこと。「重元素」ともいいます。

最も軽い元素である水素は、原子番号「1」。次がヘリウムで原子番号「2」です。よって、鉄、酸素、マグネシウムなど、ほとんどの元素は天文学的には「金属」になるのです。

＊なお、炭素(原子番号「6」)とそれより重い元素を「金属」と呼ぶ場合もあります。

# 菓子職人は「泣く」のをできるだけ避けたい

悲しいことがあると、誰しも泣きたくなるもの。とはいえ、さすがに職場で泣きたいとは思いません。「泣くまい」とぐっとこらえます。

もちろんお菓子作りの職人さんもそんな一人。「泣くまい」、さらには「決して泣かせまい」と、肝に銘じているのだとか。

## 製菓用語の「泣く」とは

お菓子の表面にふった粉末が、水分を吸ってべたつく状態。もしくは、糖液が菓子の表面に染み出る状態。

お菓子が「泣く」と、ベタベタになって、もう売り物になりません。そこで職人さんは「決して（菓子を）泣かせまい」とします。

蛇足ながら、新潟の方言では、放置した飴《あめ》が溶けるのを「飴が泣く」と言うそう。

# 編集者の「ママ」には絶対従わなくてはいけない

「ママ」といってあなたがイメージするのはお母さん？　それとも聞き上手なスナックのママ？　いずれも、優しい印象ですね。

しかし、編集者が「ママ」と言う場合には、厳しい掟《おきて》が。掟破りをしようものなら、大変なことになってしまいます……。

## 校正用語の「ママ」とは

出版物や印刷物を制作するときには、校正紙という印刷見本が出稿されます。編集者や著者はこれをチェックし、修正指示を入れますが、「ママ」はそんな校正用語のひとつ。

「そのままに」の意で、たとえば「トルママ」→「この文字は不要だから取って。空いたスペースはその《ママ》に」。空いたところを詰めたりすると「なんで勝手に直すの！」と大目玉に。

# 「甘い」のに、おいしくないかぶって、どんなかぶ？

「この間、買った株がねえ、甘い展開でさ」と渋い顔のトレーダー氏。「甘い」というと、「うまみがあっておいしい」と思ってしまいますが、どうも違うような……？

## 株式用語の「甘い」とは

株式市場における「甘い」とは、株価が安く、低落気味にあることを言います。同じく、株価が下がることを意味する言葉に、「だれる」や「ぼける」があります。いかにも「こりゃダメだ！」というマイナス感……。

逆に、株価が上昇傾向にあるときは「しっかり（確り）」と表現します。

そのほか株式用語には、「アク抜け」「塩漬け」なども。これだけ見ると、まるで料理用語ですね。

# 「レモン市場」が気になるのは八百屋よりもトレーダー？

一般に、レモンが取引される場といえば、青果市場です。そんな青果市場を活用するのは八百屋さん……のはず。でも、「レモン市場」が気になるのは、株を扱うトレーダーだというのです。

## 株用語の「レモン市場」とは

株の取引は情報が命！　しかし売り手と買い手に情報格差があると、買い手の情報不足で粗悪品ばかりが市場にあふれ、高品質な商品が流通しにくくなる。この現象が「レモン市場」。

レモンは皮が分厚く、中身が確認できないことから、アメリカの俗語で「低品質の中古車」。そこから株取引においても粗悪品を「レモン」、高品質品を「ピーチ」とよぶように。

# 免許証のコピーではダメな「身分証明書」とは？

「身分証明書が必要です」と言われたら、あなたなら何を提示しますか。運転免許証？　保険証？　マイナンバーカード？　それともパスポート？

実はそれらではダメな「身分証明書」があるのです。

## 役所用語の「身分証明書」とは

運転免許証、保険証、マイナンバーカード、パスポート……これらは「私の名は○○です」「住所は○○です」と証明する「本人確認書類」として提示を求められる場合が多いですね。

一方、「身分証明書」は、本籍地の市町村が発行する公的書類。破産者ではないなど、法律上の行為能力を備えていることを証明するもの。就職や資格取得で、必要になることがあります。

# 葬儀社の「施行」は「しこう」ではなく「せこう」

法令を実行する場合の「施行」は「しこう」と発音する場合が多い言葉です。「せこう」と辞書を引いても、「しこうと同じ」と案内されるケースが多々。でも、葬儀業界では「しこう」ではありません。「せこう」と決まっているのです。

## 葬儀業界用語の「施行」とは

葬儀業者の方が、祭壇や枕飾りなど、葬儀に必要な道具一式や飾りを準備すること。葬儀社のパンフレットには、「お葬式の施行事例」「施行相談」などの文字が見られます。ただし、葬儀を依頼する遺族は「施行してください」と言わず、あくまでも業者側の用語なのだとか。

ちなみに、お墓を据《す》えることも「せこう」ですが、漢字は「施工」です。

# ガーデニング業界の「F1」はゆったりのんびりマイペース

四輪自動車レースの最高峰、フォーミュラワン（Formula One）、略して「F1」。世界じゅうで開催され、観戦ツアーも大盛況です。そんな「F1」が、とうとうガーデニングの世界に進出したとかしないとか。

## 園芸用語の「F1」とは

「一代交配種」を意味する英語「first filial generation」の略語。

植物などで、品種や系統の異なる2つの種をかけあわせて生まれた「雑種一代目」を「F1」とよびます。

このF1種が赤い八重花だとして、そこで実った種をまき、2代目が芽吹いたとしても、同じ赤い八重花が咲くとはかぎりません。車の「F1」並みのスピードではないですが、先祖返りする可能性もあるようです。

# 晴れていても雨の日でも本の世界には「あまだれ」が登場

窓の外は雨。軒先からは、雨がしずくとなってポトポトと……。「あまだれ」といえば、こんな詩情を誘う情景を思い浮かべます。

ところが、本の出版を目前にした編集部では、さにあらず。「そこは句点じゃ弱いから、《あまだれ》でガツンと強調して!」と怒号が!

## 校正用語の「あまだれ」とは

記号「!」のこと。どうやら「!」の形から、雨のしずくを連想して「あまだれ」と名づけられたようです。

一般には、「エクスクラメーションマーク」「びっくりマーク」「感嘆符」などと呼びますね。

ちなみに「?」は「みみだれ」といいます。これも、その形が由来とか。では「!?」は?「あまだれ/みみだれ」でなく「ダブルだれ」が正解です。

# 第2章

ダメ…そんなこと大声で！

# アブない匂いで
# ドキッ♡の業界用語

# 選挙事務所で毎朝「朝立ち」。お疲れさまです！

「朝立ち」と聞いて、一般的に連想するのは、医学用語でいう「夜間勃起現象」。健康な成人男性に起こる生理的現象です。

一方、選挙に立候補した人も「朝立ち」をするのですが、この現象は男女問いません。どういうことかというと……。

## 選挙用語の「朝立ち」とは

選挙活動の一種。早朝に駅前などで候補者が立って演説すること。

この場合の「朝立ち」は、生理的なものでなく、健康的とも言えず、あえて当てはめるなら〝政治的〟現象。

ちなみに、夕方の帰宅時間帯に演説をおこなう場合は「夕立ち」といいます。ドシャ降りかどうかは関係ありません。

# 縫製工場でベテランさん「きっちり〝始末〟して！」

うっかりそんな発言を耳にしたら、「えっ!?」とビックリしそう。一般に「始末」とは、社会的に抹殺《まっさつ》すること、再起不能にすることなどをさしますから。

ですが、ご心配なく。裁縫用語ならではの意味があるんです。

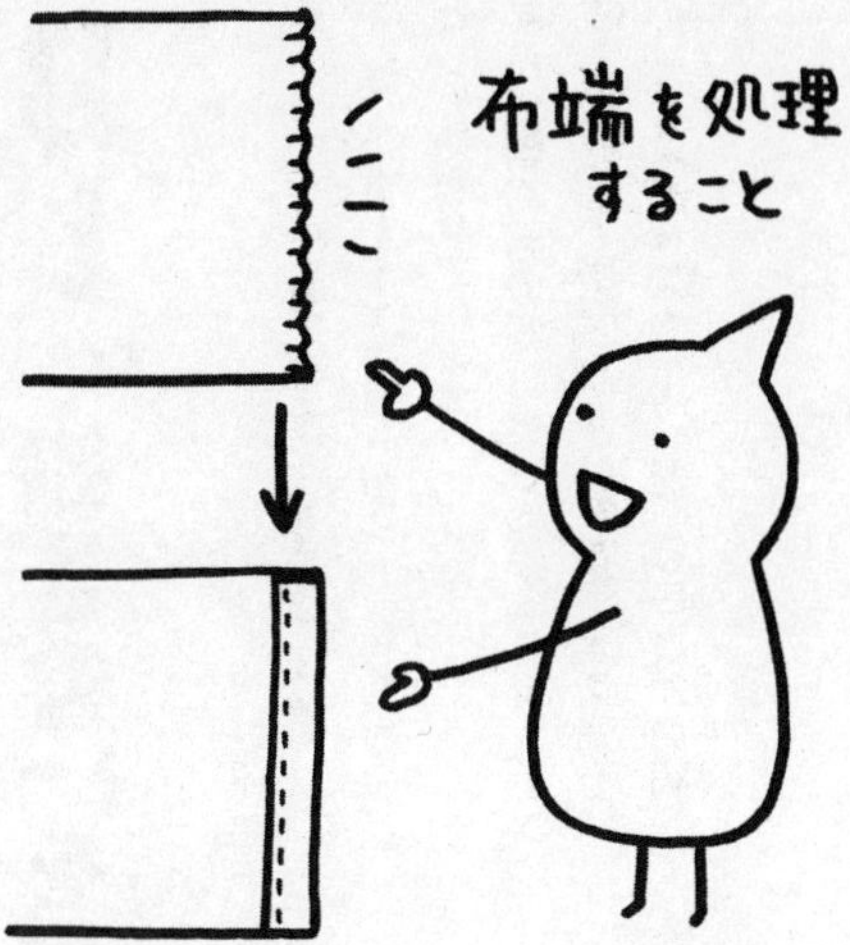


## 裁縫用語の「始末」とは

針仕事における「始末」は、洋服や手芸作品の仕上げにおこなう布端処理のこと。裁ちっぱなしの布端を、ほつれないように三つ折にして縫《ぬ》いとめるなどの処理をします。

かたや、物騒なほうの「始末」は、抹殺して放置する「後始末なし」なのですから、ある意味、正反対です。

# 動物飼育員には「コアラの〝BL〟報告書」を作る仕事がある

めくるめく禁断の世界!? そう、一般的に「BL」は、「ボーイズラブ（Boys Love）」の略称として使われています。

ですが、動物園の飼育員さんが「BL」と口にするときは、意味が違います。オス同士でなく、オスとメスのペアであることが必須なのです。

## 動物園用語で「BL」とは

しっかりと子孫繁栄！「ブリーディングローン（Bleeding Loan）」の略称。動物の所有権はキープしつつ、繁殖させるために、動物園同士で動物を貸し借りすること。

だから、動物園のスタッフルームには、「BL関係」というファイルや「BL報告書」があってしかるべきなのです。

# 「お好みは〝半殺し〟？」とたずねる和菓子屋

田舎の宿屋に泊まった夜、客は主人たちの恐ろしい会話を耳にします。

「明日の朝は、皆殺しにするかい？　それとも半殺しかねえ」

　こうして「半殺し」なんて言葉を聞くと、「ひどい暴行を受けてしまうの!?」とこわい想像をしてしまいます。でもじつは、怪談ではありません。

つぶつぶが
残っている
おはぎをどうぞ

## 料理用語で「半殺し」とは

もち米を使った和菓子（おはぎなど）を、粒を残した状態で仕上げること。

「皆殺しか、半殺しか？」と話していた宿屋の主人は、おいしいおはぎで客人をもてなそうとしていた……という心あたたまる昔話なのでした。

ちなみに「皆殺し」は、もち米の粒を残さない仕上げ方です。

# 数学教師は連日「不能」が続いても、精力剤いらず

「この方程式は、《不能》です。けっこうテストで出るからね、ちゃんと理解しておくように!」なんて、青少年が机を並べる教室で言われたら、ドキッとしますがご安心を。ハッキリ言えることは、数学界における「不能」は、病院に行く必要はありません。

## 数学用語の「不能」とは

方程式の解が存在しないこと。

とはいっても、方程式はおろか数学なんて中学高校以来ずっと「触らぬ神に祟りなし」な文系各位には、全然ピンときませんよね。

たとえば、「0《ゼロ》X《エックス》＝1」のX（ゼロを掛けたら1となるX）を求めよ、と言われても、そんなXは存在しません。この状態を「不能」といいます。

# 土木現場では、あのシャブはもちろん「シャブ」いのもNG

工事現場で親方が叫んでいます。

「こら、新人！　これじゃシャブいだろうが！」

そこに通りかかったご近所のミセス。

「シャブですって？　覚せい剤の話を真昼間から大声で。うちには小さい子もいるのに心配だわ～」と、ずいぶん不安そうですが……。

## 建築・土木用語の「シャブ」とは

水気が多い、ゆるい状態のこと。

工事現場の親方が見つめていたのは、コンクリートの撹拌《かくはん》機。どうやら新人君はまだ作業に慣れず、水を多めに加えてしまったため「シャブ」になってしまったようです。

もちろん、ご近所のミセスの心配はまったくの杞憂《きゆう》でした。

ほかにも、塗料に対して溶剤が多いときも「シャブい」と表現します。

# キャビンアテンダントは「H」を満喫している

長いフライトが終わって、空港でほっとひと息ついているキャビンアテンダント（CA）が数人。聞くともなしに聞こえてきたのは、「私ね、明日から3日、Hを満喫するのよ！」。そ、そんなこと、職場である空港で言うなんて、だ、大丈夫？

## キャビンアテンダント用語の「H」とは

早合点してはいけません。ここで言う「H」は「Holiday」、つまり「休日」を意味しています。「私、明日はHなの」「夏は存分にHを楽しむわ！」なんて聞こえても、ドキドキする必要はありません。

ほかに「トイレ」はCA用語で「ラバ」（「Lavatory」の略）、「反省会」は「デブリ」（「Debriefing」の略）と表現するそうです。

# 半導体の研究室では「ドーピング」が欠かせない

国際大会やオリンピックの会場で、「○○っていう選手がドーピングした」なんて声が聞こえてきたら、その場の空気が凍りつくこと必至です。

なにせ「ドーピング」は、運動能力を高める目的で薬物を不正使用すること。スポーツマンシップに著しく欠ける不正行為ですから。

それなのに、半導体の研究室では……?!

## 工学用語の「ドーピング」とは

結晶の性質を変化させるために、微量の不純物を添加すること。とくに半導体研究で欠かせない作業なのだとか。

スポーツ界の「ドーピング」がルール違反である一方、こちら工業界の「ドーピング」は、むしろ、時には積極的におこなうものなのです。

# できる開発者は、五感ビンビンで「官能検査」に臨む

「官能検査をお願いします」と言われたら、「えー! じ、自信ないなあ」ドキドキ……。

大丈夫です! ここで言う「官能検査」は、統計用語や心理用語に分類されるもの。妄想をかきたてる秘めごとではなく、新製品開発に欠かせないまっとうな評価ですから。

## 統計用語の「官能検査」とは

ある製品に対して、人の五感(視覚・聴覚・嗅覚・味覚・触覚)の反応を測定して分析、評価すること。

たとえば、食品や化粧品、工業製品などを、実際に人が見る、音を聞く、かぐ、味わう、触れるなどして評価します。「甘い香りが好感度高め」「塩味が足りないという反応が多い」となれば、その方向で製品の改良をおこなうわけです。

# ガラス職人は明るい場でも「ハメ殺し」する

えっ……反社会的勢力の隠語？　実際に行為に及べば無期懲役とか？「ハメ殺し」という言葉を一般人が耳にすると、夜の闇が支配する世界のアブない専門用語にも思えます。ところがガラス職人さんに言わせると、その闇が一転！　急に明るい話に変わります。

## 建築用語の「ハメ殺し」とは

窓の一種。窓枠やサッシ枠にガラスをはめ込み、固定した窓のこと。

ここでの「殺し」は動きを止めることを意味し、「ハメ殺し」は、はめ込んで開け閉めができない窓、というわけです。

一般家庭でも、高い位置にある天窓や、吹き抜け上部などの明かり取り用に「ハメ殺し」を設置するなど、よく見られるタイプの窓です。

# 手芸作家は、繊細なレースも容赦なく「叩く」！

令和の世で「叩く」ことは、親子間、夫婦間、教師と生徒、仕事仲間、どんな間柄でも絶対ダメな行為。「暴力撲滅！」は善良な市民の共通の願いです。

なのに、洋裁教室の先生は「しっかり叩いて！」と指導しているなんて?!

## 洋裁用語の「叩く」とは

カタカタカタカタカタ……。ミシンで布を縫うと、音をたてながら、針が上下に動きます。その様子から「ミシンで布を縫うこと」を「叩く」と言うようになりました。

レースやリボンの上からミシンをかけることも「叩く」です。

ちなみに、手縫いは「叩く」と言いません。ミシンの力強い機械の動きだからこそ、「叩く」なのです。

# 家づくりの途中で「暴れ」ようとも誰も警察に通報したりしない

職場で突然暴れる人がいようものなら、急いで110番に通報するのが、一般の人の常識的な反応です。

一方、建築業に従事する方は、特別に肝が据《す》わっているのでしょうか。「暴れても通報無用」と言い切りますが、本当に大丈夫？

## 建築用語の「暴れ」とは

人を対象にした言葉ではなく、木材や樹脂、プラスチック製の資材に対しての表現。意味は「反っている」「ねじれている」。

要するに、木材などがまっすぐ&平らではない状態のことです。

資材の「暴れ」は、気温や湿度の変化、乾燥によって起こります。とくに木材は、水分を含んだ生きた素材ですから、「暴れ」が生じやすいのです。

# 呼吸器科医の心配ごとは「ブラ」のサイズと苦しさの有無

「《ブラ》なんですけど……」と女性が上目遣いにつぶやくと、一般市民の大多数はちょっと驚きつつ、「（女性用下着の）ブラジャーが、どうかした？」と応えるはず。

ところが、呼吸器の専門医の場合は違います。

「ブラ？　大きいの？　苦しい？」

## 医学用語の「ブラ」とは

もちろん、女性用下着のことではありません。医師の言う「ブラ」とは、肺の内部に異常な量の空気がたまってできた、空洞状の病変。つまり、肺疾患の一種なのです。

無症状なことも多いのですが、ブラが大きくなると呼吸困難を起こすことも。だから、「大きいの？　（呼吸が）苦しい？」と、呼吸器の専門医は開口一番、尋ねたわけです。

# 第3章

ん？　何かおかしい！

# 異業種交流会ですれ違いまくる用語たち

## 政治家と産廃業者のかみあわない

# 「マニフェスト」

一般に「マニフェスト」とは、選挙のとき候補者が拡声器で、「我々○党は、□年度中に△いたします！」と叫んでいる公約文書のほうでしょう。これが実行されるか否かは……皆さまご存じの通り。

かたや、産業廃棄物業界の「マニフェスト」とは、「産業廃棄物管理票」のことで、業者名などが記入されたもの。この伝票をベースに適切な処理を行ったことを確認するのが「マニフェスト制度」。こちらは、30年以上前から粛々と実行されています。

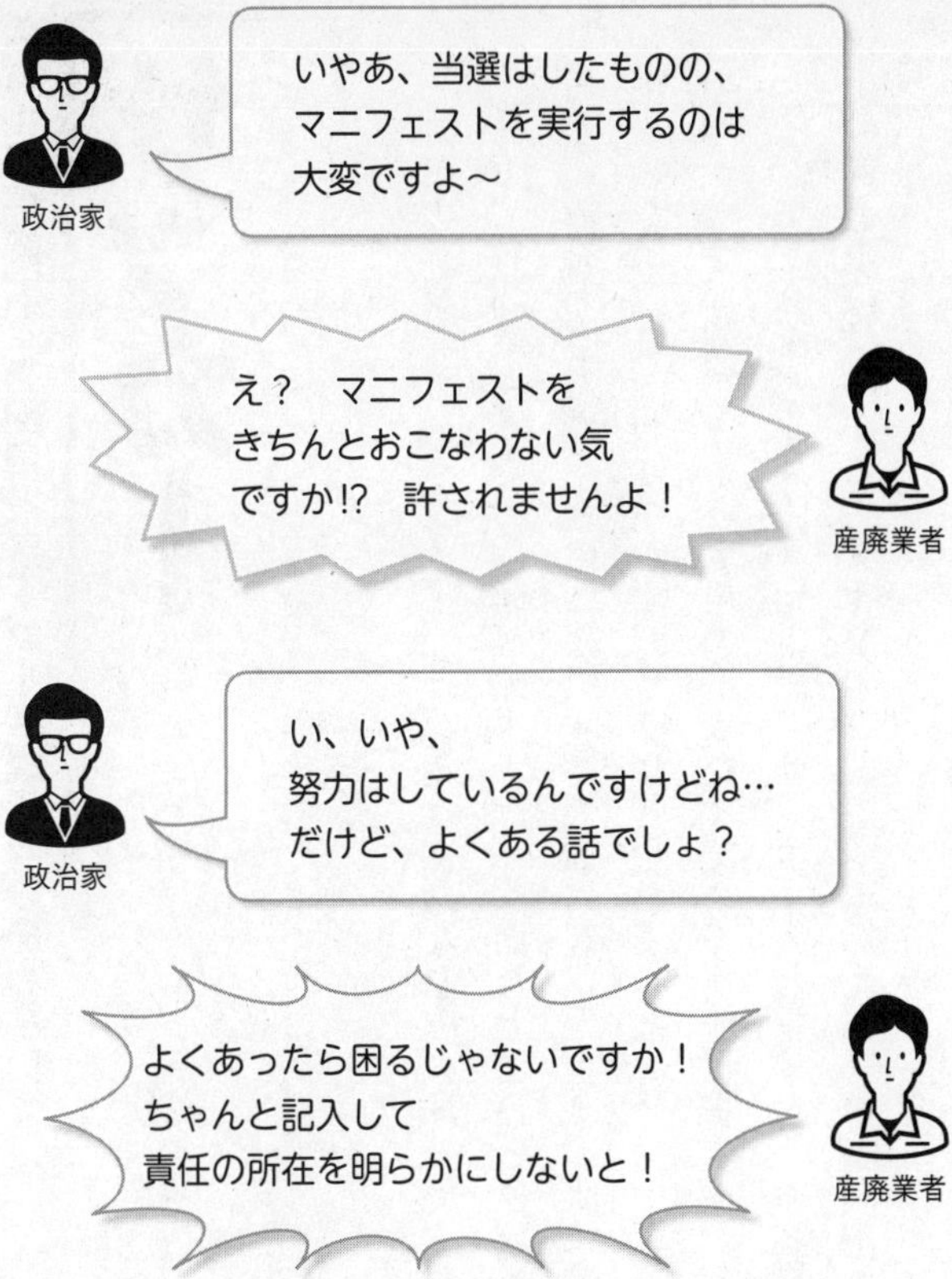
いやあ、当選はしたものの、マニフェストを実行するのは大変ですよ～
政治家
え？　マニフェストをきちんとおこなわない気ですか!?　許されませんよ！
産廃業者
い、いや、努力はしているんですけどね…だけど、よくある話でしょ？
政治家
よくあったら困るじゃないですか！ちゃんと記入して責任の所在を明らかにしないと！
産廃業者

**有権者とのお約束「公約文書」が、「産業廃棄物管理票」だなんて、どこか意味深！**

スポーツ評論家と布問屋とスーパー店員のかみあわない

# サッカー

スポーツ業界で「サッカー」と言えば、おなじみの球技ですね。

一方、布問屋さんでの「サッカー」は、凸凹なところとフラットなところが組み合わさった生地のことです。表面に起伏があり、肌に触れる面が少ないため、まつわりつかず、サラリとした着心地。サマーウエアや夏用のパジャマ、甚平や子ども用の浴衣などでよく使われます。

そして、スーパーマーケットで「サッカー」と言うと、お客様のお買い上げ商品を袋詰めするスタッフのこと。「Sack（袋）」が語源だとか。

子どもたちの間でサッカーの人気がすごいんですよ！
スポーツ評論家
ああ、夏場はパジャマにすると涼しくていいですよね
布問屋
……はい？　選手が着るのは当然、ユニフォームですが？
スポーツ評論家
ですよね、うちのサッカーもおそろいのユニフォーム着てますよ！
スーパー店員
……？？？
スポーツ評論家
布問屋

**球技、布地、そして人間……。意味は違えど、各業界で欠かせない存在なのは共通です。**

**パティシエとインド料理人**のかみあわない

# 「テンパリング」

「テンパリング」と聞くと、一般人は「テンパリ中（気持ちに余裕がない、焦っている）ってこと？」。いいえ、料理や製菓の用語なのです。

パティシエにとっては、チョコレートの温度調整のこと。テンパリングが成功しないと、成分が分離し、材料が台無しになってしまいます。

一方、インド料理のテンパリングは、スパイスを油で炒めて、香りと薬効を油に移すこと。こちらのテンパリングも、上手にできないと、おいしいカレーは作れません。

パティシエ
あ〜あ、またテンパリングに
失敗しちゃった……
インド料理人
おお、大変だ！
じゃあ新しいスパイスを
持ってきてあげるよ
パティシエ
え？　スパイスは
関係ないでしょ。
チョコレートをちょうだい！
インド料理人
え……？　日本では
カレーにチョコレートを
入れるのかい？？？

**日本式カレーの隠し味にチョコレートを入れることはありますが、本格インドカレーには無用！**

# 養生

## ナースと引っ越し業者のかみあわない

病院で交わされる会話によく出てくる「養生」は、健康に気づかい、病気を治すように努めることですね。「どうぞゆっくりご養生くださいね」など、お見舞いの言葉の定番でもあります。反対語は「不養生」。

ところが、引っ越し作業における「養生」は、健康問題には一切関係なし！　モノをぶつけたり擦《す》ったりして壁や家具などに傷をつけないよう、テープやシートで保護することです。この場合の反対語は、「不養生」ではありません。

ナース

ほらほら、
ちゃんと養生しないと
ダメですよ～

引っ越し業者

ほんとですよね。
傷ついてしまいますから

ナース

えっ、ケガをなさったの？
内科かと思ったら
外科にもかかってるんですね

引っ越し業者

内科に外科……？
いえ、病院ではなく一般住宅の
お引っ越しなんですけど

**ナースも引っ越し業者も、「対象を大事にする」という気持ちでは通じるものがあるようです。**

仕立て屋とケーキ職人のかみあわない

# 「パイピング」

仕立て屋さんが言う洋裁用語の「パイピング」とは、裁ちっぱなしの布端をバイアステープでくるみ、布端がほつれないように仕上げる方法。もしくは、二つ折りにした皮や布を縫《ぬ》い留め、縁取りや装飾にするテクニックをさす場合もあります。

ケーキ職人さんの語る製菓用語の「パイピング」は、バタークリームやチョコレートなどを細く絞《しぼ》り出して、文字やイラストを描くケーキデコレーションのテクニックの一種です。

仕立て屋

あーあ、もう！
新人に任せたパイピングが
もうほつれてるんですよ

ケーキ職人

ほつれ？　こっちの新人の
パイピングは、文字が
まったく読めないんですよ

仕立て屋

パイピングで文字？
布端にミシン刺しゅうでも
するんですか？

ケーキ職人

パイピングで布？
ケーキの名入れの
話なんですけど？

**布端のパイピングに成功したら「GOOD JOB！」**
**とパイピングされたケーキを買ってあげよう！**

プロ野球選手と会社員とウイスキー醸造家のかみあわない

# 「バッティング」

「打ったー！　打ちました！　クリーンヒットです！」……と言えば、野球の「バッティング」、打撃のこと。

「ちょっと！　まさか同じ日に新商品発売なの？」……と頭を抱えるのは、ビジネスの「バッティング」。日程や用件が重なることを言います。

「おお、なかなかよい味わいだね」……なんて、舌鼓を打っているのはウイスキーの醸造家。ウイスキーの「バッティング」（モルトウイスキー同士を混ぜること）が大成功だった、と喜んでいるのでした。

野球選手
以前のバッティングが復活しないかぎり（現役続行は）厳しいと覚悟しています……
ギクッ！（以前、同業のB社を優先し、A社との仕事を断ったのは）まずかったですか？
会社員
ウイスキー醸造家
ちっとも、まずくないです。バッティングは大成功！自信をもって市場に出せますよ
よかった！（B社の）商品の販売は続行でいいんですね！
会社員
野球選手
ウイスキー醸造家
……!?

**ちなみに「バッティング」は手芸用語、ボクシング用語、広告用語にもあります。ますます大混乱！**

## 漁師と花屋のかみあわない

# 「水揚げ」

「水揚げ」に関わる素材は、「魚」と「花」です。あまり交わらない両者の世界で、同じ言葉が日々使われているのが、業界用語の面白いところ！

魚のほうの「水揚げ」は漁業用語で、漁船から捕獲した魚や荷物を陸へ移すことや、漁獲量をさします。

一方、生花店などで使われる「水揚げ」という言葉は、花材を長持ちさせるテクニックのこと。花や木の茎を水に浸した状態でカット。切り口から吸水させることで、花持ちが格段によくなります。

漁師

やれやれ、今日の水揚げ、
無事に終わりましたよ～

よかったです！　今日は水揚げしにくい品種が多かったから、
ちょっと心配だったんです

花屋

漁師

水揚げしにくい品種？
天然のクロマグロとか
珍しい深海魚のこと？

クロマグロに深海魚？
いいえ、バラとか茎が堅い花の
話なんですけど？？

花屋

**花の鮮度保持には、お湯を使う「湯揚げ」も。**
**でも魚の鮮度保持には、氷、一択です。**

スポーツ業界人とガーデナーのかみあわない

# 「シュート」

「シュート〜！　決まりました。逆転です！」

スポーツ中継のアナウンサーの興奮した声。バスケットやサッカーなどで、ゴールに向けてボールを蹴る、または投げるプレイですね。また、野球では、ピッチャーの利き腕方向に曲がる変化球のことを言います。

他方、園芸や農業の世界では、植物の株元から、長く伸びて成長する若い芽や枝をさす言葉が「シュート」です。園芸書には、「バラのシュートを大切に」などと書かれています。

スポーツ業界人

シュートが決まると
「やった！」って感じですよね

ガーデナー

決まるっていうか、
シュートを見ると、「やった！」
ってうれしくなりますよね

スポーツ業界人

たしかにシュートって
うれしいですよね～。
サッカーの醍醐味っていうか

ガーデナー

えっ……？　サッカーと
シュートは違いますよ！　ほら、
この園芸書を見てごらんなさい

**なんと園芸用語には「サッカー」（親株から地下茎で伸び、離れた所で発生した子株のこと）も！**

## さまざまな業界で活躍する生物たち10選

| 動物 | 業界 | 用語 |
|---|---|---|
| トラ | IT | **「タイガーチーム」** Tiger team。組織や企業からのオーダーで、サイバーテロなどに備え、ネットワークシステムの欠陥を調査する専門家チーム。 |
| ウマ | 演劇 | **「馬の脚」** 歌舞伎で登場する、馬の脚の役のこと。ランクが下の役者が担当する役割なので、「下手な役者」「下っ端の演者」を示すようになった。 |
| イヌ | IT | **「ドッグイヤー」** Dog year。ITの技術革新スピードの、あまりの速さを例えたもの。犬の1年は人間の7年に相当することから（ただし、犬は2歳で人間の中年に相当する年齢に成長するという研究結果もある）。 |
| サイ | 金融証券 | **「灰色のサイ」** いつか大問題になる危険性が高いのに、軽くあしらわれているリスクのこと。普段はおとなしいのに、いったん暴れだすと手の付けられないサイの生態からのイメージ。 |
| ネズミ | 警察 | **「ネズミ捕り」** 車のスピード違反の取り締まりのこと。ひと昔前、多くの家庭がネズミに悩まされ、走り回るネズミの通り道に捕獲器を置いて捕まえていたのになぞらえて。 |
| トリ | 映像 | **「バードビュー」** Bird view。鳥瞰《ちょうかん》のこと。空を飛ぶ鳥のように高い位置から見下ろして撮影することで、俯瞰《ふかん》より高い位置をさす。 |
| ハクチョウ | 金融証券 | **「ブラックスワン」** Black swan。予測もできない驚くべき事態で、実際に起きると深刻な打撃を受ける事象。ブラックスワンが発見時、世界に衝撃を与えたことから。 |
| カラス | 選挙 | **「カラス」** ウグイス嬢ならぬ、男性の車上等運動員のこと。紺色や黒のダークスーツを着ていることが多いので、カラスと呼ばれるようになったのだとか。 |
| マグロ | 交通 | **「マグロ」** あちこち走り回りながら営業するタクシードライバーのこと。駅待ちなど停車していることが苦手で、常に回遊しているマグロのようだと命名された。 |
| トンボ | 印刷・出版 | **「トンボ」** 印刷物の「版下」（印刷用のレイアウト原稿）の、天地や左右の中央・四隅などに入れる印。断裁ラインを示すと同時に、カラー印刷の際に各色の版を重ね合わせるための合印にもなる。 |

# 第4章

それ、微妙です！

# 医療従事者がモヤモヤしてる用語の誤解

# 立ちくらみを起こしても医学的には「貧血」とかぎらない

暑くてクラクラ、立ちっぱなしで顔面蒼白。急に気持ちが悪くなって、立ちくらみがする。「貧血かな……？」と思いそうな場面ですが、医学的に見るとたいていは「脳貧血」で、保健室で横になっているうちに改善される場合が多いようです。

では、医学的な「貧血」ってどんな状態？

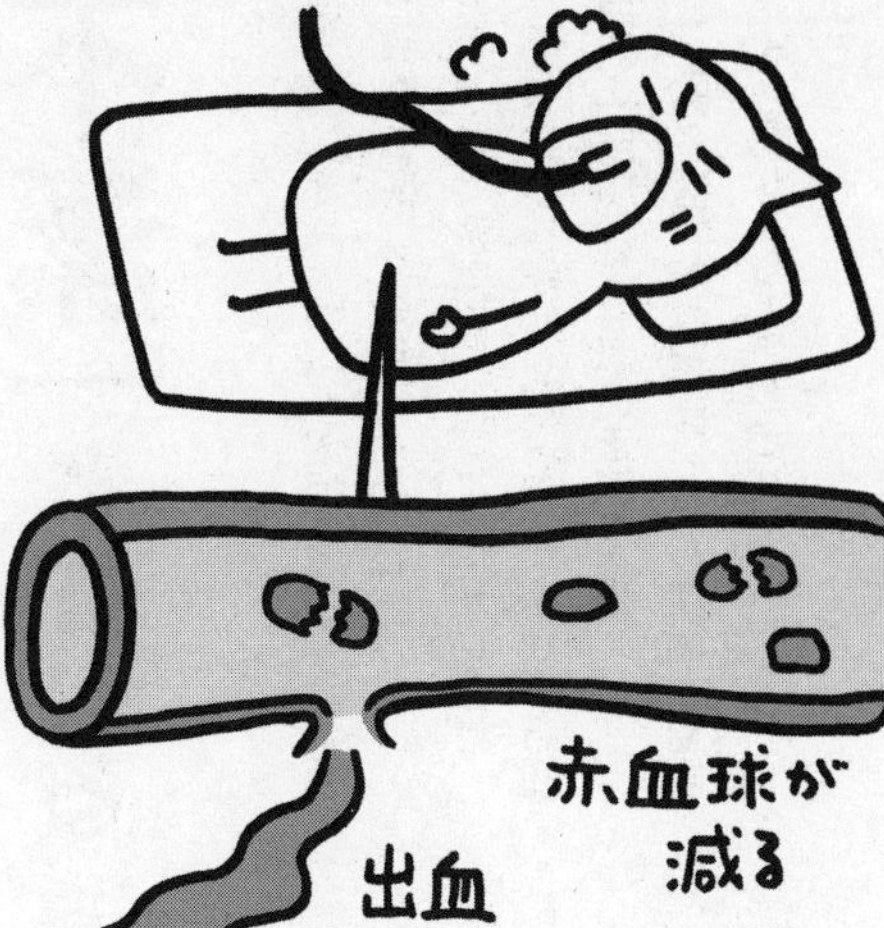


## 医学用語の「貧血」とは

血中のヘモグロビンや赤血球が減り、全身に酸素が行き渡らなくなる異常。原因は「赤血球が壊れている」「どこか出血している」など。

医学的な「貧血」の場合、寝ているだけで治るかどうかは検査結果次第です。「即入院」というケースもないとはかぎりません。

# 病院では、どんなにふかふかの布団も「不潔」とされる

「清潔」は「きれい」、「不潔」は「汚い」。それが一般的な認識でしょう。

だとしたら、洗濯機で真っ白に洗い上げ、お日さまで乾かした洗濯物やふかふかの布団は、当然「清潔」だと思いますよね。

ところが、医学用語では、そんな洗濯物すら「不潔」扱いになるというのです。いったいどういうこと？

滅菌・消毒
されたものだけが
⇓
清潔

## 医学用語の「不潔」とは

滅菌・消毒されていない状態。滅菌とは、全微生物・菌を死滅させることです。消毒は、病原体を死滅か弱体化させること。

なので、医学的に「清潔」と言えるのは、滅菌・消毒されたものだけです。

それ以外は、真っ白に洗い上げて乾かした洗濯物も、ふかふかの布団も、「不潔」扱いです。

# じつは、新型コロナウイルスの「死亡率」は高くはない

あっという間に世界じゅうにまん延し、各国でたくさんの死者を出した新型コロナウイルス。「新型コロナによる死亡率は非常に高い」と報じられ、恐怖に身がすくみました。

そんな一般人に対し、医療関係者は「それは違うんじゃない？」と渋い顔……。

## 医学用語の「死亡率」とは

そもそも「死亡率」は、総人口に対する、その病気の死亡者数の割合のこと。これを「致死率」（＝その病気の患者で死に至った人の割合）と取り違えるケースが多く見られます。

日本で死亡率が高い病気と言えば、ガンや心疾患、脳卒中など。新型コロナの第一波における死者数は、ガンの死者数に遠く及ばず、「死亡率が非常に高い病気」とはまだ言えないのです。

# 第一印象はいいかんじでも、歯医者の「印象」は悪いって、どんな人？

「第一印象が大事だから、身なりは常に整えておけ」。A君は新入社員のころ、先輩に厳しく指導され、その教えを守ってきました。

しかし、歯科医院で耳にしたのは、衝撃のひと言。「うーん、どうもAさんの印象がよくないんだよね」。日頃の努力は無駄だった？

## 歯科用語の「印象」とは

歯型のこと。

英語では「impression」で、押し付けてできる跡や型のことを言います。

つまり冒頭の歯科医は、「A君の歯型がうまく取れなかった」と言っていたわけです。A君が嘆く必要は、まったくありませんでした。

ちなみに英語で「First impression」と言うと、「最初の歯型」ではなく「第一印象」と訳します。

# 美的センスがない患者も医学的な「感受性」はもっている

「わあ、可愛いお花！」と感動しているあなたの隣のBさんは、「そう？」と知らん顔。

「この人ってば、ほんとうに感受性に乏しいんだから！」

でも、医学界の「感受性」は、Bさんがどんなに花鳥風月に興味がなくても関係なし！

## 医学用語の「感受性」とは

四季の移ろいを愛《め》で、人の気持ちに寄りそう繊細な心。そんな心の豊かさや奥深さと、医学用語の「感受性」はまったくリンクしていません。

医学用語の「感受性」は、「病原体に対する薬剤の効きやすさ」のこと。「C薬に感受性がある」＝「C薬が効く」というわけです。これはあくまで生体反応であり、心の機微とはまったくの無関係なのです。

# 歯科医院で「バイト」は高くてもなぜか時給は低いことがある

突然ですが、連想クイズです。「バイト、OKです！」。この言葉につながる会話は？

一般人は「アルバイトの面接に受かったんだな」と理解し、「じゃあ、来週から伺います！」などという答えが返ってきそう。

しかし、歯科医院では違っていて……。

## 歯科用語の「バイト」とは

歯医者さんでは、「バイト」を「アルバイト」の略として使わないことが多いよう。「バイト」は英語で「bite」＝動詞では「嚙《か》む」、名詞で「嚙み合わせ」のこと。

歯科医院では「嚙み合わせ」の意味で「バイト」を使い、「バイトが高い」と言えば、アルバイトの時給の話ではなく、「嚙み合わせの位置が高い」と言っているのでした。

# 診察室で医師が「指摘できない」と言うときの、本意とは？

「今回の健診ですが、特に異常は指摘できませんでした」

「すると先生は、私の体に異常があるかどうかよくわからなかったってことでしょうか？」

「いえ、ですから今のところ、異常は指摘できないと言うことです」

「すると先生、私は結局、健康？　病気？　どっちなんですか？」


ある診察室で起きたエンドレスなやりとり。患者としては二択を迫りたくなりますが……。

## 医療用語の「指摘できない」とは

多くの医者が、断言を避けるときに使う言葉。たとえば「現段階の検査や診察では、特に異常はなさそう。でも、もっとよい医療器械ができたら、病気が発見される可能性も。1週間後、検査したら違うかも……」といった場面で、限定的な言葉の代わりに用います。

# 医学的「ショック」では心よりも細胞がダメージを受けている

「あーあ、大好きなアイドルが人気女優と結婚だって！　ショック〜！」。女子高生のAさんの乙女心は傷つき、落ち込むことしきり。

しかし医師に、「そんなショックは、医学的にはショックじゃないんだよ」と言われ、さらにショックを受けるAさんなのでした。

## 医学用語の「ショック」とは

一般人が思い起こす「ショック」は、心の動きを示していますが、医療の世界で「ショック」と言うと、命にかかわる重大ごとをさします。血液循環がうまくいかず、細胞に酸素が行き渡らないため、生命維持が困難な状態。大量出血による「出血性ショック」、血圧低下や意識障害が起きる過剰なアレルギー症状「アナフィラキシーショック」など、一刻を争います。

# 病院の「標準医療」は松竹梅の、どのレベル？

もし、あなたの家族が病院で、重い病気を宣告されたとします。

このままでは最悪のケースになりかねない。ぜひ、最善かつ最高レベルの治療を受けさせたい。いくらお金がかかってもいい！

……しかし担当医師は、「標準医療をおこないます」と言うのです。「標準」と聞くと、まるで「松竹梅」の「竹」や「梅」レベルと思ってしまいがちですが……？

## 医療用語の「標準医療」とは

科学的根拠にもとづき、現段階で施せる最良の治療。つまり、最善の治療法なのです。

文字の印象から誤解して、「標準なんてイヤです！　どうか最高級の治療を！」なんて訴える必要は、まったくないのでした。

# 第5章

2時間ドラマに出てきそう！

# ちょっと賢くなれる法曹界の用語集

# 法令上の「印鑑」はハンコじゃなく、ペッタンコ

「ハンコ、押してください」

一般に「印鑑」というと、ハンコ、銀行印、実印などといった物体そのものをさします。

ところが、法令上の「印鑑」は、立体でなく平面です。なぜなら……。

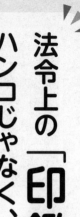

紙に押した
ものが「印鑑」
総合口座

## 法律用語の「印鑑」とは

ハンコを押した「印影」。しかも役所や銀行に届け出済みのものをいいます。だから、立体ではなく平面なのです。

法令上、物体のハンコのことは「印形《いんぎょう》」と呼んで、「印鑑」と区別しています。

# 法律の世界では「少年」も出産できる

一般に「少年」というときは、男子中学生や男子高校生など、未成年の男子のこと。

そんな「少年」が、出産できるってどういうワケ？

ボク出産しました
中3男子

20歳未満の男女は
「少年」

## 法律用語の「少年」とは

20歳未満の男女両方。

一般の人は「少年」と聞いて、そこに女の子が含まれるとは思いませんよね。

しかし、「少年法」という法律の中に存在する「少年」とは、未成年の男女のこと。

ですから、「少年が妊娠する」こともあるし、「少年が婦人科で受診する」こともあるわけです。

# どんなに腹黒い人でも、法廷で「善意」とされることがある

「善意」と言えば、文字どおり「善い意志・心」。逆に「悪意」は、「悪い心」。裁判を傍聴したことがなく、法律家の知り合いもいない方ならば、そう思って当たり前です。

でも、法律の世界では、一般人の思う善悪には関係ない意味をもつ言葉なのでした。

## 法律用語の「善意」とは

法律上の効力に影響をもたらすような事情を知らないこと。本人の人となりとは無関係です。

口をひらけば他人の悪口しか言わないような、性格に難アリの人でも、事情を知らないなら「善意」とされます。

逆に「悪意」は、「事情を知っている」という意味です。人々の尊敬を集める善良な市民であっても「悪意」の場合は、十分にありえます。

# 弁護士の言う「事件」の多くは、まさかの犯人不在

テレビで人気のサスペンスドラマ。「事件だ！」と始まり、1〜2時間後に犯人が捕まるのがセオリーです。ところが、ある弁護士さんは「現実社会の《事件》には、犯人がいないことが多いんですよ」と言うのです。事件発生なのに犯人不在なんて……？

くだんの弁護士いわく、「だから離婚調停だって、弁護士にとっては《事件》なんですよ。じつは犯人がいない事件のほうが、たくさんあるんです」。

ちなみに、日本の弁護士の多くは、犯罪にかかわる「刑事事件」よりも、家賃滞納や賃金返還請求などといった「民事事件」を多数担当しているのだそう。

## 法律用語の「事件」とは

依頼主から依頼を受けた案件のこと。

# 法廷には、「果実」が食べられないごろごろ転がっている

とあるカフェで、「もうすぐ、わが家のレモンが収穫時期なのよ」と農家の娘のA子さん。司法試験の勉強中のB子さんは、「A子のレモンは《天然果実》ね」。

「当たり前でしょ。天然じゃない果実なんてあるの？」A子さんの疑問にB子さんは……。

## 法律用語の「果実」とは

「あのね、A子。民法では、物から生じる利益を《果実》っていうの。《天然果実》は、レモンの木から獲れるレモンの実みたいに、物の経済的用途にしたがって収取される産出物のこと。《法定果実》ってのもあって、家賃のように、物の使用の対価として収受される金銭その他の物を言うわけ。つまり、食べられないものも果実なのよ。だからね……」。A子「もう充分よ」。

# 悪を自覚している犯人はほんとうは「確信犯」でない

万引き対策を議論する店主たちの会話。

「よくないと分かっているのに万引きするなんて、どういう神経なんだろうね」

「ほんと、《確信犯》ってタチが悪いよね」

「でもさ、確信って、信じて疑わないことでしょ。万引き犯って、何を確信しているの?」

## 法律用語の「確信犯」とは

本来は「宗教的・政治的・思想的な信念などに基づき、正しいと信じて犯罪をおこなった人」をさします。

それに対し、なんの信念もなく万引きした窃盗《せっとう》犯は、「故意犯」（＝犯罪行為だとわかっていながら犯罪をおこなった人）と言います。近年は二者が同じ意味で用いられがちで、辞書にも本来の「確信犯」の意味とともに「故意犯」の内容が併記されていることが。

# 指名手配犯は「私が犯人です」と「自首」できない

ある昼下がりの警察署。玄関ドアには指名手配犯の顔写真入りポスター。その写真と同じ顔の人物が、うなだれて窓口へ。「○○事件で指名手配中の△△です。自首します」ところが「あの〜、あなたの場合は自首にはならないかと」。いったいどういうこと？

## 法律用語の「自首」とは

犯罪もしくは犯人が特定される前に、みずから捜査機関に「○○という罪を犯しました」「自分が犯人です」と名乗り出ること。つまり、事件自体が表面化していない、事件の犯人が定まっていない段階で、というのがポイント。

くだんの指名手配犯が警察署に「私が犯人です」と名乗り出た行為は「自首」でなく、正しくは「出頭」に該当します。

# 入社試験や日々の通勤電車とは無縁のうらやましすぎる「社員」とは？

「社員」になるには、入社試験を受けたり、面接に臨んだり、健康診断書を提出したり……かなり手間と時間がかかります。そのうえ、正式に社員になれるかどうかは、保証のかぎりではありません。でも、会社法に書かれた「社員」は、入社試験さえ無用だというのです。

## 法律用語の「社員」とは

2006年施行の「会社法」では、「合同会社・合資会社・合名会社に出資した者」をさします。株式会社で言うところの株主が「社員」なのです。

また、いわゆる会社勤めをしている人のことは「社員」でなく「従業員」と表現します。従業員の採用にあたってはテストや面接をしますが、出資者にはテスト無用、というわけですね。

# 法律の世界には、6歳児の「児童」もまもなく成人式の「児童」もいる

あなたにとって「児童」というと、何歳までてでしょうか？　中学校卒業くらい？　選挙権を持たない18歳未満？

「そんなこと、きっと法律で定められているでしょう？」。そのとおりなんですが、法律にもいろいろありまして……。

## 法律用語の「児童」とは

「児童は何歳？」と法律家に問うと、「どの法律で？」と聞かれること必至です。というのも、道路交通法では「6歳以上13歳未満の者」、労働基準法では「15歳に達した日以後の最初の3月31日が終了するまでの者」、児童福祉法では「満18歳に満たない者」、「母子及び父子並びに寡婦福祉法」では「20歳未満の者」と定義。法律によって、異なる年齢の児童がいるのです。

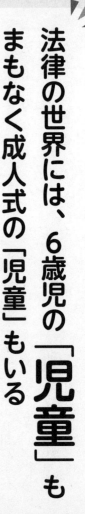

# まじめに生きていてもある日突然、「被告」になりうる

「私ね、被告になっちゃった」と友人に告白されたら、どう思いますか？「どんな悪いことをしたんだろう？ 刑務所に入るのかな？」……それは、法律用語の誤解が招いた杞憂《きゆう》かも。

## 法律用語の「被告」とは

民事裁判で訴えられた人のこと。法律の専門家でなくても訴えることはできますから、あなたもいつか「被告」になる可能性はゼロではないのです。

刑事事件の場合は、検察官が慎重に検討し、刑罰を受けるに相当すると判断して初めて起訴します。刑事裁判で起訴された人は「被告人」であり、「被告」とは呼びません。

また「被告」「被告人」は、有罪とはかぎらないので早合点しないように。

# 殴る蹴るの暴行も、膝カックンも法律的には「暴行罪」

お金の貸し借りでケンカ中のふたり。

「いい加減、お金返してよ」

「ないものはないの！　いいから早く帰ってよ、塩まくわよ！」

「塩をまいたら《暴行罪》で訴えてやる！」

「は？　塩で暴行になるわけないでしょ！」

## 法律用語の「暴行」とは

結論から言うと、自分のまいた塩が相手に降りかかった場合は、立派な「暴行」になるのだとか。

ほかに意外なものでは、髪の毛やヒゲを切ることや、悪ふざけの膝カックンも。さらに、相手の感覚が鈍り、意識朦朧《もうろう》となるほどの大音響も、法的には「暴行」に相当するそうです。

なお、相手がケガをした場合は、暴行罪でなく「傷害罪」で処罰されます。

# 法律家は「赤本」に精通しているが大学入試に役立たない（かも）

一般的に「赤本」とは、いろいろな大学の入学試験の過去問題集のこと。「よく徹夜したなあ」と、入試地獄を思い出す人も多いのでは。

一方、法律家にとっての「赤本」は、大学入試に役立つものかどうかは不明。

〝不可欠な書籍〟という意味では、一般的な「赤本」と同じなのですが、その中身はまったく違っていて……。

## 法曹用語の「赤本」とは

交通事故における損害賠償額の基準が示された本『民事交通事故訴訟　損害賠償額算定基準』のこと。赤をベースにした装丁のため、「赤本」と言われるようです。

ちなみに「青本」は、『交通事故損害額算定基準』。

## 土建業界は、動植物でおおにぎわい！

| 用語 | 意味 |
|---|---|
| ウマ | 4本脚の作業台のこと。4本の脚から「馬」と呼ばれるようになった。建築の資材を置いて加工したり、木材のカンナがけなどに使う。 |
| ポニー | ガラスの運搬に使用する専用荷台のこと。大型のものを「自動車馬」と言い、それより小型なので「ポニー」に。「ポータブルポニー」とも言う。 |
| サル | 木製の雨戸などの鍵のこと。細い木を組んだもので、上下に動いて戸を固定する。上に動くものを「上げ猿」、下へ動くタイプを「下げ猿」と呼ぶ。 |
| ネコ | 手押しの一輪車のこと。「逆さにした形が猫っぽいから」「押すとゴロゴロ猫が鳴くような音を立てるから」など、語源にはさまざまな説がある。 |
| イヌ | 土建業界の犬といえば「犬走（いぬばしり）」。建造物の隣に設置された細い道のこと。ちなみに「キャットウォーク」は、体育館や劇場の高所にある通路。 |
| トラ | 測量機械「トランシット」の略。そのほか工事現場でトラといえば「トラロープ」も。黄色と黒のシマ模様がよく目立つことから、多くの建築現場で活躍中。 |
| ツル | 土木工事で、固い地面やアスファルトを砕くために用いられる「ツルハシ」のこと。漢字で書くと「鶴嘴」＝ツルのくちばし。 |
| アンコウ | 雨水を受けて流す雨樋《あまどい》の「呼び樋」。屋根の水は、最初は軒樋に集まり、そこから縦樋を通って排出される。軒樋と縦樋の接合部が「呼び樋」＝アンコウ。 |
| トンボ | 型枠に生コンクリートを流し込んだ後、平らにならすために使用するT字型の道具のこと。その姿が、羽を横に広げたトンボに似ていることから。 |
| アリ | 釘などを使わず、木材に凹凸を作りつなぎ合わせる手法の、接合させる部分「仕口」のこと。仕口がアリの頭に似ていることから命名されたのだとか。 |

第6章

へ〜！ そうだったのか

# とんだ勘違いに今さら納得の業界用語

# 建築現場では「KY」な人ほど、ほめられる

「あいつって、KYだよね」というときの「KY」は、「K（空気）＋Y（読めない）＝空気が読めない困った人」という意味。たいていの場合、KYな人ってわがままで苦手と感じられそう。

ですが、建築現場にも「KY」はいて、むしろ、KYであればあるほど重宝されるというのです。どうして？

## 建築用語の「KY」とは

「K（危険）＋Y（予知）」＝労働災害を未然に防ぐ大事な感覚！ 事故防止のためには大切なアンテナです。

建築現場的「KY」なら、周りから嫌われることはなく、むしろ大歓迎。そこで働く誰しもが持つべき感覚なのです。

よって建築現場では「あいつって、KYだよね」がほめ言葉に。

# 自動車の「PPAP」はユーチューブと無縁

「Pen-Pineapple-Apple-Pen！」

そんな歌詞とメロディが今でもすぐ思い出せるほど、ピコ太郎さんのパフォーマンスは強烈なインパクトとともに世界じゅうを席巻しました。

一方、ユーチューブとはまったく無縁の「PPAP」が、自動車業界にはあります。

## 工業用語の「PPAP」とは

「Production Part Approval Process」の略称で、生産部品承認プロセスのこと。読みは「ピーパップ」。アメリカ自動車工業会が発行したマニュアルに沿った手続き。

部品のサプライヤーが、自動車メーカーの仕様に則った部品製造が可能だとメーカーに承認されるために、ＰＰＡＰが必要です。

# 気象予報士はなかなか「快晴」と言わない

朝起きて窓をあけ、気持ちよく晴れ渡った青空が広がっていると、「快晴!」と言いたくなるもの。こんな天気の日は、外に出かけたくなりますよね。

ですが、気象予報士は雲の量を厳しくチェックしていて、たとえ晴れていたとしても「快晴」とは言わないことも多いとか。

気象庁
「快晴」じゃなくて
「晴れ」だな

## 予報用語の「快晴」とは

空の全体を「10」としたとき、雲で覆われている部分が「1以下」で、雨など、風以外の現象がない状態。また、天気予報で「今日は晴れ」なら、空全体を覆う雲の量が「2以上8以下」ということ。空の2割のみ雲だとしても、ただの「晴れ」扱いなのです。「今日は快晴（雲が1以下）」という日は貴重ですね。

# 給食センターには「汚染作業区域」が必須

一般には、「汚染」と聞くと、細菌やほこりなどですごく汚れていて不潔……というイメージがあります。

当然、学校給食をまとめて調理する「給食センター」は、清潔第一のはず。そんな場所に「汚染作業区域」があるって、本当でしょうか？

## 学校給食用語の「汚染作業区域」とは

肉や魚、野菜などの食品の保存、皮むき、洗浄といった下処理などをおこなう場所。なので給食センターには、「汚染作業区域」がぜったい必要なのです。ちなみに「非汚染作業区域」もあって、食品を切る、煮る、揚げるなどの調理がおこなわれ、「汚染作業区域」とはきっちり分けられています。

# 「関係人口」が増えるほど国がよろこぶのは、なぜ？

「関係人口」って何のこと？　聞いたことがあるような、ないような、デジャブ感のある言葉ですが……。どれが正解？

1. 少しでも自分と関係のある人の数
2. 元カレや元カノの人数
3. 生きて死ぬまでにかかわった人の総数

## 観光用語の「関係人口」とは

ボランティアや長期滞在などで、断続的にその地域とかかわる人のこと。移住者や観光客とは異なります。

総務省では、「関係人口」にあたる「住んではいないけど地域づくりの担い手となるような人材」を地方創世のキーマンとして期待し、働きかけをしています。というわけで1～3はどれも不正解。個人的な人間関係でなく、自治体レベルの話でした。

# 「カルティエ」は料理人によく似合う

「カルティエは？」と尋ねたら、「大好き！プレゼント大歓迎！」と女性会社員。

そう、「カルティエ（Cartier）」といえばフランスのハイブランド。その素晴らしいジュエリー、時計、革製品などは、世界16か国の王室御用達なのだとか。

一方、同じ質問をフランス料理のシェフにすると、「カルティエ？　シェフになるには、カルティエだけじゃなくて、エマンセやらマセドワーヌ、なんでもできなくちゃね」と……。

## 料理用語の「カルティエ」とは

フランス料理の調理法の一種で、4分の1のくし形切りのこと。フランス語で「quartie」と書いて「カルティエ」と読みます。

ちなみに、「エマンセ」は薄切り、「マセドワーヌ」は約3㎜角のサイの目切り。

# 撮影現場でモデルとカメラマンは別々の「露出」を気にしている

これが初撮影のモデルさんを撮影中のスタジオで、カメラマンが叫びました。「ここまでナチュラルな感じでOK！　次は露出補正して、ちょっとムーディーに撮ります」

モデルさんは「もっと胸元を開けるのかしら」とビクビク。心配そうですが……。

## 写真用語の「露出」とは

カメラに光を取り込む技術のこと。

「露出補正」とは、希望どおりの明るさに近づけるため、露出を調整することです。

とくに露出補正をせず撮るのが「0（ゼロ）」で、マイナスにするほど暗くなり、プラスでは明るさが増します。

新人モデルさん、胸元をセクシーに広げる必要はありませんからご安心を。

# 建築家の卵はオリエンで「オリエンテーション」を学ぶ

「オリエンテーション」と言えば、人によって「はい、小学校で体験しました」「私は入社後に、新人研修ですかね」などと、連想するシーンはさまざまでしょう。

建築家の場合、そんなオリエンの場に、また別の「オリエンテーション」があるのです。

## 建築用語の「オリエンテーション」とは

住宅などの設計図の片すみにある、「北」の方角をあらわす指標のこと。

設計図を見たことがある人なら、ピンと来るはず。円と直線と「N」を組み合わせた、あの指標です。

そもそも英語の「Orientation」には、「方向」「順応」「態度」などの意味があります。

# 「農家」のノルマはキャベツ1000個!?

「農家になりたい」と思っても、農業の素養のない人にとっては、なかなかハードルが高いのはご存じのとおり。

もちろん自称「農家」なら、自称「小説家」と同様、名乗るだけですぐになれますが……。

しかし、農林水産省が定義したお墨付きとなると、いろいろと条件があるのです。

まず問われるのは、農産物を作るための用地面積と、農産物の売上なのだとか。ボーダーラインはおいくら?

## 農林水産省用語の「農家」とは

まず、経営耕地の面積が10ａ以上。つまり1000平方メートル以上！

10ａ未満なら、年間の農産物販売金額が15万円以上あること。150円のキャベツを販売するとして、1000個以上売らねば「農家」になれません。

# 「デジタル」よりも最新の「アナログ」ってな〜んだ？

「アナログ」と聞いて連想するものは、「前時代的」「デジタルより古い」「時代に乗り遅れている」「三丁目の夕日的な？」など。

ですが、本来の意味の「アナログ」は、決してデジタルに後れを取っていません。

## データ業界用語の「アナログ」とは

「アナログ」も「デジタル」も、機械で情報を扱うときの表現方法。「アナログ」は連続的なデータを、「デジタル」は段階的なデータを扱います。コンピュータは、「1」「0」のみのデジタルデータですが、アナログデータは0・5や9・96789…などすべての情報を含みます。

「アナログって古い」は、「アナクロ（＝時代錯誤）」と混同されたよう。

# 株のトレーダーが一喜一憂する「インデックス」とは

株式ニュースを見ていると、耳慣れない専門用語が飛び交います。とくに、英語やカタカナになるとお手上げ！

そのうえ、一般用語としてもよく使われる「インデックス」や「トピックス」がまったく違う意味で用いられるのですから、やっかいなのでした。

## 金融用語の「インデックス」とは

市場の動きをあらわす指標。「株価指数」などを数値化したものです。

また、「トピックス」は「トピック（TOPIC）＝話題？」と思いがちですが、そうではなく株式用語の「TOPIX」（＝東証株価指数）。つまり、「インデックス」の一種なのです。

# 天気予報士の上空からは雪の「しぐれ」が降ってくる

「しぐれ」を漢字で書いてみてください。「時雨」です。では、辞書で意味を引いてみてください。「秋の終わりから冬にかけて、一時的に降ったり止んだりする雨」。さらに調べると、「しぐれ」の同義語には「驟雨《しゅうう》（にわか雨）」「涙の時雨」など、絵になる雨のシーンが思い浮かびます。

どこにも「雪」の文字はありませんね。ところが、気象の専門家には、雪も降るというのです。いったいどういうこと？

## 気象用語の「しぐれ」とは

百聞は一見にしかず。気象庁のホームページから「しぐれ」の項を引用します。「大陸からの寒気が日本海や東シナ海の海面で暖められて発生した対流雲が次々に通るために晴れや曇りが繰り返し、断続的に雨や雪の降る状態」。

ほら、「雪」が降ったでしょ！

# 役所では、結婚相手がいなくても「入籍」できる

テレビで映し出される、幸せそうな芸能人の姿。「このたび、○○さんと入籍いたしました!」。なるほど、○○さんと結婚したのね、と納得するのは一般人。役所で戸籍係をしている人は、ボソッとひと言……「結婚って、入籍とはちょっと違うんだけどなあ」。

## 役所用語の「入籍」とは

すでにある戸籍に入ること。たとえば、両親の離婚後に父から母の戸籍に移り、母の氏を称したいときは、家庭裁判所の許可を得た後、「入籍届」を出します。

結婚するために提出する書類は「婚姻届」。法的には「結婚」=「婚姻届を受理されたこと。夫婦2人の戸籍を新たにつくること」です。「入籍」の正確な意味とはズレがあります。

# 「1日交流可能人口比率」が増えると、どうなる？

「1日交流可能人口比率」という言葉からイメージするものは？ 「アイドルの握手会で、1日にどれほどの人数と握手できるか。その グループ目標値とか？」「1日に名刺交換できる人数の会社平均？」……いくら知恵をしぼっても、正解は出てきそうもありません。

## 統計用語の「1日交流可能人口比率」とは

ある地点から片道約3時間以内で到達できる範囲内に住む人の、全人口に対する比率。片道3時間は、日帰りで往復が可能な範囲の目安です。「1日交流可能人口比率」が50％なら、全人口の半数と日帰りで面会できる。つまり、それだけ「交通網が整備されている」という指標のひとつです。東京では、1965年は55％でしたが、2003年には90％まで上昇しました。

# 「永代供養」なのに永久に続かないお墓がある

新聞のチラシやテレビで年じゅう見かけるお墓のコマーシャル。「《永代供養》かぁ、ずっと面倒見てもらえるなら、いいかもね」と心を動かされた人、ちょっと待った！　「永代」が「永久（＝果てしなくずっと続く）」を意味する言葉かどうか、要チェックですよ。

## 霊園用語の「永代供養」とは

「永代」とは、「永い代にわたる供養」を意味し、「十三回忌」「十七回忌」「三十三回忌」などの期間限定であることが多いようです。

つまり、「永代供養」といっても未来永劫の供養でない場合が、往々にしてアリ。

寺院や霊園によって約束される内容は異なるので、事前に確認することが肝要ですね。

# 数学者は「ユニーク」な存在を探し求めている

「ユニークな人材」「ユニークな発想」などなど、「ユニーク」といえば「個性的でちょっと変わっている」といった、なんだかおもしろそうな印象です。

一方、数学界でいうところの「ユニーク」は、おもしろみとは関係がないようで……。

## 数学用語の「ユニーク」とは

「一意的」つまり「ただ1つ」ということ。もともと英語の「unique（ユニーク）」には、「珍しい」「独特な」といった意味のほか、「唯一の」という語意もあります。

よって、「この方程式の解（答え）はユニーク」＝「この方程式の解は1つだけ」となります。無限とも思える数字の世界の隅々まで探し回っても、その解は1つしか存在しないのです。

# 新鮮で美味しそうな見た目でも「栄養」ゼロの残念なレシピ!?

新鮮な魚や肉に、濃いグリーンの野菜、採りたての果物をふんだんに使って調理したへルシーなレシピ。そこに、炊きたてホカホカのご飯! 「わあ、栄養たっぷりね!」と叫んだあなたに、栄養士さんが「このメニューに栄養は一切ありませんよ」と衝撃のひと言……。

## 健康・栄養学用語の「栄養」とは

糖質、脂質、タンパク質、ミネラル、ビタミン。これらは「栄養」ではなく「栄養素」。「栄養素」は、食物に含まれる、体に必須な物質のことです。

では「栄養は」何かというと、体内に取り込んだ栄養を消化・吸収し、活用する過程のこと。つまり、体の活動や状態に対する表現。

よって「栄養たっぷり」を正しく言うなら「栄養素たっぷり」なのです。

# 第7章

アレのコトか！　カッコいい言葉！

# 話のネタにすぐ使える俗語・隠語の豆知識

書店でトイレに行きたくなる

# 青木まりこ現象

ことの始まりは、1985年。書評や本と活字にまつわるテーマを特集する雑誌『本の雑誌』に、ある投書が寄せられました。「青木まりこ」氏による「書店で便意をもよおします」との投稿です。「我も我も！」と多くの方が同意し、その現象に名前がつくまでになりました。

なぜ書店にいると、便意がわくのか？　原因は「本の活字インク」説、「条件反射」説など諸説ありますが、いまだ特定はされていません。

板ばさみになって結局、損しちゃう

# 囚人のジレンマ

2人の囚人が取り調べを受けています。2人が口裏を合わせて黙秘すれば、証拠不十分で軽い刑になる。自白すれば自分は釈放されるが、もう1人は重罪になる。迷った末にそれぞれ自白し、2人とも重罪に……。自分の利益を優先したがゆえに結局、損することがある、という理論です。数学や経済学の「ゲーム理論」のひとつですが、日常のさまざまな場面で見られる「あるある」現象です。

## フィクションでなく現実世界に潜むゾンビ

# ウォーキングデッド・シンドローム

人気テレビドラマの作品名？　と思いきや、そうではありません。自分はすでに死んでいる。内臓や血液はもうこの体内にはない。腐敗が始まっている。死臭が立ち込めている……。生きているのに死んでいると思いこむ、非常に珍しい精神疾患の名称です。

別名「歩く死体症候群」。フランスの精神科医、ジュール・コタールが見つけた精神障害であることから「コタール症候群」とも呼ばれます。

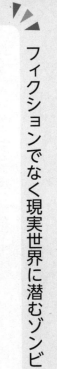

天使のような童顔？ いいえ、ヤリ手のオトナです

# エンジェル投資家

創業間もない企業に出資する個人投資家のことを「エンジェル投資家」と呼びます。

今や世界的有名企業となったFacebookやGoogleも、創業当時は「エンジェル投資家」のバックアップを受けていたのだとか。

1円で会社を設立できる現代。自己資金が少ない起業家は、「エンジェル投資家」が自分のもとに舞い降りてくれるのを切望しています。

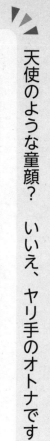

## 月にある、太陽が沈まない場所

# 永遠の陽射しの頂

なんとも壮大な「永遠の陽射しの頂《いただき》（Peak of Eternal Light）」とは、天体のうち、太陽の光を常に浴びている場所のこと。

月の両極に数か所あるクレーターの頂が、まさにそれ。絶えず日光が降り注ぎ、絶え間なく太陽光発電が可能なうえ、クレーターの底の氷を溶かせば水も得られる……。といった利点から、宇宙開発において非常に注目されています。

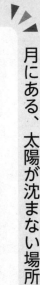

醸造家が与える、幸せなおすそわけ

# 天使の取り分

英語で「Angel's share」。ブランデーやワインなどを樽《たる》で熟成させる際、自然に蒸発して目減りすること。年に1～10％ずつ減るといわれ、樽詰めから50年も経ったウイスキーでは、半量も「天使の取り分」を提供することになるのだとか。

また、蒸発する一方で樽に吸収されることもあり、こちらは「悪魔の取り分（Devil's cut）」と称します。

雪山ですっぽだかの遭難者を発見…という不思議

# 矛盾脱衣

眉毛が白く凍るような極寒の雪山。救助隊が遭難者をさがしています。やっと発見するも、残念ながら凍死していましたが、なぜか服を脱いでいて……。

この不思議な現象が「矛盾脱衣」です。人は体温が下がりすぎると生命維持のために熱がでて、外気と大きな温度差が生じます。それを「暑い場所にいるのだ」と錯覚し、服を脱いでしまうのです。

## 人気店に、ピタッとぞろぞろくっついてくる

# マグネット効果

「ねえ、新しいショッピングモールに、あの大人気ブランドが入っているんだって！」「じゃあ行ってみようか」

こうして特定のお店が磁石のような吸引力をもって集客することを「マグネット効果」と言います。マグネット（磁石）の役割を担うお店は、ショッピングモールや商店街のなかに数軒でもあればＯＫ。お客様は遠距離でも足を運んでくれるというわけです。

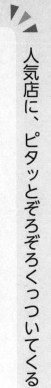

ロボットが人間の感情を動かす

# 不気味の谷

人間によく似せて作ったロボットを見ると、「ほんとうに人間みたいだ！」と最初は親近感が増します。でも、ある段階から「いや、やっぱり何か違う」と、背筋が寒くなるような嫌悪感が……。しかし、さらにかぎりなく人間に似せたロボットに対しては、好感度アップ。

この感情のアップダウンが「不気味の谷」。今のところ、科学的根拠はわかっていません。

粒子研究者があまりの速さに叫んだ

# オーマイゴッド粒子

1991年、アメリカのユタ州。超高エネルギー宇宙線が検出され、研究者は非常に驚きました。そこでついた名が「オーマイゴッド（Oh my God）粒子」という、ウソのようなマジメな話。

びっくりネーミングといえば、日本にも、「シクロアワオドリン」があります。練りワサビの風味を長持ちさせる物質で、徳島文理大学の研究グループが合成し、徳島名物「阿波踊り」を想起して命名したのだとか。

| 地名 | 意味 |
| --- | --- |
| お台場 | ［おだいば］東京都港区台場に社屋のある民放キー局「フジテレビ」の通称。 |
| 有楽町 | ［ゆうらくちょう］東京都千代田区有楽町にあるAMラジオ放送のキー局「ニッポン放送」の通称。 |
| 浜松町 | ［はままつちょう］東京都港区浜松町にある、AMラジオ放送のキー局「文化放送」の通称。 |
| 赤坂 | ［あかさか］東京都港区赤坂にある、民放キー局の「TBSテレビ」とAMラジオ放送のキー局「TBSラジオ」の通称。 |

## この地名・名所が美味しい！

| 地名 | 意味 |
| --- | --- |
| 三州 | ［さんしゅう］現在の愛知県東部、三州岡崎の名産である八丁味噌を使った料理。三州煮、三州焼き、三州漬けなど。 |
| 信濃 | ［しなの］ソバを用いた料理の総称。かつて信濃国と呼ばれた現在の長野県がソバの産地であることに由来する。 |
| 丹波 | ［たんば］栗を使った料理。現在の京都府から兵庫県をまたぐ丹波地方は、上質な栗の生産地であることから。 |
| 難波 | ［なんば］ネギ料理。大阪市難波周辺は江戸時代にネギ栽培が盛んで、「なにわの伝統野菜」のひとつ・難波葱でも知られる。 |
| 南禅寺 | ［なんぜんじ］豆腐料理のこと。京都市左京区南禅寺福地町にある南禅寺の豆腐料理が著名なことから。 |
| 吉野 | ［よしの］葛《くず》粉を使った料理。奈良県吉野郡吉野町が葛の名産地であることから。谷崎潤一郎の小説『吉野葛』でも有名。 |
| 吉原 | ［よしわら］約5㎜の細切りのこと。東京にかつてあった吉原遊郭の格子を連想して名付けられた。 |

## あの業界を象徴する地名たち

| 地名 | 意味 |
|---|---|
| 永田町 | ［ながたちょう］東京都千代田区永田町＝「政界」の象徴。国会議事堂・総理大臣官邸をはじめ、主だった政党の本部が置かれている。 |
| 霞ヶ関 | ［かすみがせき］東京都千代田区霞が関＝「官僚」の象徴。霞ヶ関に外務省、経済産業省、文部科学省など多数の省庁があるため。 |
| 桜田門 | ［さくらだもん］警視庁のこと。実際の警視庁の住所は千代田区霞が関だが、皇居・桜田門の側に警視庁があることから。 |
| 三宅坂 | ［みやけざか］最高裁判所のこと。所在地の東京都千代田区隼町４番に、三河田原藩主・三宅家の上屋敷があったことから。 |
| 秋葉原・日本橋(大阪) | いずれも電気街として有名。［あきはばら］東京都千代田区の秋葉原駅周辺。［にっぽんばし］大阪市浪速区日本橋３～５丁目周辺。 |
| 兜町 | ［かぶとちょう］中央区日本橋兜町＝「日本の証券界」の代名詞。東京証券取引所を中心に、数多くの証券会社が林立していることから。 |
| 北浜 | ［きたはま］旧・大阪証券取引所（現・大阪取引所）を中心にした「大阪の証券街」の通称。東京の兜町に次ぐ、日本を代表する株の街。 |
| ウォール街 | ［うぉーるがい］「アメリカの証券＆金融業界」の代名詞。ニューヨーク証券取引所や大手の金融機関が、マンハッタン島のウォール街に集結している。 |
| シティ | ［してぃ］「イギリスの証券業界」や「ロンドン株式市場」を示す地名。シティ・オブ・ロンドンに、ロンドン証券取引所をはじめ、各種金融機関が集中。 |
| 蠣殻町 | ［かきがらちょう］農産物専門の先物取引市場「東京穀物商品取引所」のこと。東京都中央区日本橋蠣殻町に、1952年設立。 |
| 堂島 | ［どうじま］米を中心とする先物取引の市場「大阪堂島商品取引所」の通称。世界最初の先物市場と言われる「堂島米市場」が前身。 |

# 参考文献

『声に出して読みたい理系用語』信定邦洋著　KADOKAWA刊
『基礎から学べる「はなとやさい」づくりの園芸用語事典』肥土邦彦著　誠文堂新光社刊
『基礎からわかる法令用語』長野秀幸著　学陽書房刊
『業界用語辞典』米川明彦著　東京堂出版刊
『すぐに役立つ音楽用語ハンドブック(改訂新版)』カワイ音楽教育研究所編　カワイ出版刊

青春文庫

# 世界一《せかいいち》小《ちい》さい「柱《はしら》」を知《し》ってますか
## あの業界《ぎょうかい》のビックリ用語辞典《ようごじてん》

2020年8月20日　第1刷

編　者　日本語研究会《にほんごけんきゅうかい》

発行者　小澤源太郎

責任編集　株式会社プライム涌光

発行所　株式会社青春出版社

〒162-0056　東京都新宿区若松町12-1
電話 03-3203-2850（編集部）
03-3207-1916（営業部）
振替番号　00190-7-98602

印刷／大日本印刷
製本／ナショナル製本

ISBN 978-4-413-09761-1

©Nihongo kenkyukai 2020 Printed in Japan

万一、落丁、乱丁がありました節は、お取りかえします。

本書の内容の一部あるいは全部を無断で複写（コピー）することは著作権法上認められている場合を除き、禁じられています。

ほんとうのあなたに出逢う ◆ 青春文庫

# 世界の政治と経済は宗教と思想でぜんぶ解ける！

「米中経済戦争」「イギリスEU離脱」「イスラム・テロ」…… 代ゼミNo.1講師がおくるニュースがわかる教養講座

蔭山克秀

(SE-757)

# 図説 神さま仏さまの教えの物語 今昔物語集

羅城門に巣食う鬼の正体、月の兎と帝釈天の意外な関係、奇跡を生んだ空海の法力とは…なるほどそういう話だったのか！

小峯和明［監修］

(SE-758)

# 「和」を楽しむ美しい作法 読むだけで身につく絵解き版

風呂敷で包む、抹茶を点ててみる、着物を着る… 子どもや海外の方にも伝えたい、いつもの暮らしが素敵に変わる和の作法

知的生活研究所

(SE-759)

# 図説 眠れないほど怖くなる！日本の妖怪図鑑

鬼・河童・天狗・アマビコ・座敷童子・雪女・付喪神…本当は誰の心にも潜んでいる妖怪の魂―もうあなたの心にも芽生えているかもしれない！

志村有弘［監修］

(SE-760)